EL
BILLONARIO
Y EL MONJE

EL
BILLONARIO
Y EL MONJE

UNA HISTORIA
SENCILLA
SOBRE CÓMO
ENCONTRAR UNA
FELICIDAD
EXTRAORDINARIA

VIBHOR KUMAR
SINGH

 HarperCollins *Español*

Título original: *The Billionaire and the Monk: A Simple Story About Finding Extraordinary Happiness*

Publicado en inglés por Notion Press en India en 2020

PRIMERA EDICIÓN DE HARPERCOLLINS ESPAÑOL

Copyright de la traducción de HarperCollins Publishers

Traducción: Natalia Bird Jové

Este libro ha sido debidamente catalogado en la Biblioteca del Congreso de los Estados Unidos.

ISBN 978-0-06-314115-5

22 23 24 25 26 LSC 10 9 8 7 6 5 4 3 2 1

*Para mi padre, el difunto Kunwar Onkar
Singh (1950–2013). Quien me enseñó
a mantener el sentido del humor incluso
en los momentos más difíciles.*

La vida ha sido hermosa gracias a esta enseñanza.

El mejor momento para sembrar un
árbol fue hace veinte años. El segundo
mejor momento es ahora.

—Antiguo proverbio chino

Contenido

Agradecimientos xi

Prólogo 1

1 El camino a Shangri-La 5

2 Comienza con la mente 15

3 La simpleza de la felicidad 27

4 El juego de no culpar 35

5 Dejar de lado el rencor.. 43

6 Cuerpo sano, cuerpo feliz 51

7 Comprar la felicidad.. 59

8 El regreso a casa: la historia del Monje 73

9 Elegir el camino: la historia del Billonario 79

10 Despedida.. 85

Epílogo 89

Puntos de conocimiento.. 91

Carta del autor.. 95

Agradecimientos

Sólo cuando te sientas a escribir un libro es que te das cuenta de que un libro es un proyecto que requiere mucho más que capacidad creativa. Mi camino desde la idea hasta la publicación ha sido largo y tortuoso, pero ha sido memorable y agradable gracias a todas las personas que me han apoyado, inspirado y animado.

Le doy las gracias a mi madre, Kunwarani Meena Singh, por su orientación, sus bendiciones y su continuo estímulo para luchar por la excelencia en todas las esferas de la vida.

Agradezco a Rahul Chaudhary, Neil Pickering, Anil Nayar y la Dra. (Sra.) Ridha Singh Gupta por ser los primeros lectores del texto y por sus valiosas aportaciones.

Le doy las gracias a mi esposa, Shakuntala, por apoyar continuamente todos mis emprendimientos y ¡por soportar el desequilibrio entre mi vida laboral y la personal!

Agradezco a mi hijo, Ayushraj, sus valiosas aportaciones sobre el contenido y el estilo. Fue la persona a quien recurrí durante el proyecto para barajar varias ideas.

Agradezco a mi hija, Aaradhya, por compartir todas las sonrisas y carcajadas.

Me gustaría dar las gracias al Dr. Binod Chaudhary, Pankaj Dubey, Kelden Dakpa, Rakesh Mathur y S.D. Dhakal, Dr. Abhijeet Darak, Dr. Anant Gupta, Dr. Raj Ratna Darak, y a todos mis mentores, amigos y familiares que han sido una fuente de inspiración y felicidad a lo largo de los años. Cada uno de ellos, a su manera, ha dado forma a mi proceso de pensamiento y ha influido en este libro.

Me gustaría dar las gracias al equipo de la editorial Notion Press por ayudar a llevar a cabo el proceso de publicación.

Por último, me gustaría dar las gracias al Todopoderoso allá arriba, quien firmemente creo que me ama, por haber hecho de mi vida un viaje desafiante pero placentero, y por haberme brindado la oportunidad y la fuerza para llevar una vida satisfactoria y llena de sentido.

Prólogo

El éxito no es la clave de la felicidad.
La felicidad es la clave del éxito. Si
amas lo que haces, tendrás éxito.

—Albert Schweitzer

Sentado en la suite presidencial frente a Central Park
en Nueva York, el Billonario se preparaba para la entrevista. Estaba entre las 2.153 personas del mundo
denominadas «Billonarios en Dólares», un sincero
reconocimiento a los logros humanos y a la perseverancia. Él no había heredado el título, y eso lo había
hecho más especial ante los ojos del mundo. En una
sola vida, había conseguido la riqueza que algunos
países demoraron generaciones en acumular. Estaba
orgulloso de sus logros.

La entrevista se dio de manera esperada. La agencia de relaciones públicas que había contratado era la mejor del mundo, y no había dejado ningún cabo suelto para proyectarlo como un hombre humilde pero ambicioso; un hombre común y corriente con grandes sueños. Algunos lo llamaban «el Toro de los Negocios». Dotado de una mente aguda y perseverante, que entendía sin esfuerzo el mercado de valores y la perspicacia emprendedora de los negocios, había sido pionero en un estilo empresarial inigualable e imbatible.

Sin embargo, la última pregunta del presentador de la entrevista lo inquietó. Aunque había respondido a la pregunta con seguridad, en su estilo característico, algo le hizo sentir una punzada por dentro. La pregunta no formaba parte del guión que le habían entregado con anterioridad. Probablemente, la pregunta era considerada una mera formalidad o un último e insignificante comentario. Sin embargo, para él, esta última pregunta había tornado todos los demás aspectos de la velada, de hecho su vida entera, irrelevante.

«¿Eres feliz?», había preguntado la joven.

o   o   o

A MEDIDA QUE EL DÍA LLEGABA A SU FIN, EL MONJE SE acomodó en su silla de comer, perdido en sus pensamientos mientras miraba como el vapor de su sopera *momo* se elevaba, giraba en círculos y se desvanecía en el aire. «La no permanencia es también la naturaleza de la existencia humana. Nacemos del Alma Suprema y sólo tenemos el tiempo para hacer sentir nuestra presencia en el mundo antes de desaparecer de nuevo en el Alma Suprema».

A pesar de que habían pasado treinta años desde que había abandonado la orden monástica y renunciado a su condición de Monje, era un hombre muy respetado y muy capacitado. La gente todavía lo honraba con el título de Monje.

Después de la cena, el Monje sintió la necesidad de ir a ver a su maestro espiritual, el Lama Principal, para aclarar su mente. Algo le preocupaba. Era una noche de luna brillante, y el techo dorado del monasterio se reflejaba en un tono plateado. Esto sólo le mostró que la perspectiva era más importante que la sustancia. Una suave brisa traía consigo el frío de las montañas. Mientras caminaba por las calles empedradas de la vieja y soñolienta ciudad, imaginó que probablemente en una noche como ésta un príncipe había dejado atrás todas sus posesiones materiales, las relaciones terrenales y un magnífico palacio para recorrer el camino del conocimiento. El príncipe nunca regresó; en cambio, el Gran Buda nació.

Probablemente era un pecado compararse con el Buda, pero su corazón había estado agitado durante las últimas semanas y últimamente era incapaz de controlar sus emociones. El Lama Principal le había explicado una vez que todos los viajes de autodescubrimiento y de paz interior comienzan por hacer las preguntas correctas. Hoy era probablemente ese día de su vida en el que, más que respuestas, necesitaba la pregunta correcta.

Al girar en la calle frente a la casa del Lama Principal, se encontró con un grafiti en la pared. Lo leyó y se quedó helado. ¿Era su corazón el que le estaba jugando una mala pasada o se trataba de una intervención divina? El Monje dio media vuelta y regresó a su habitación sin verse con el Lama Principal.

Había encontrado su pregunta. Había dos palabras escritas en la pared que preguntaban:

«¿Eres feliz?».

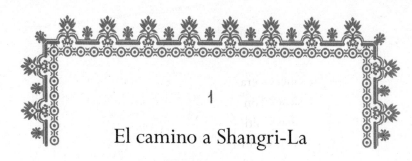

El camino a Shangri-La

No puedes depender de tu vista cuando
tu imaginación está fuera de foco.

—Mark Twain

—Si la felicidad es un viaje, el minimalismo es el primer paso —le dijo el Monje al Billonario. Aunque la
afirmación había sido hecha sin ningún contexto, el
Billonario cerró los ojos en señal de acuerdo.

Su mente se remontó a la primera vez que decidieron asociarse. El primer encuentro en el hotel de
Katmandú le sirvió a ambos. El Billonario había visto
la oportunidad de hacer algo realmente diferente de
sus negocios habituales; un hotel en Shangri-La era el

último patrimonio que podría obtener. El Monje había visto la asociación como un puente para reconectarse con el mundo materialista. Ambos conocían el beneficio mutuo de la colaboración y lo habían respetado. Y hoy, dos años después, el Billonario sabía que había tomado una decisión fructífera. Aunque esta era su primera visita al hotel, el Monje y su equipo habían ejecutado un proyecto rentable y el Billonario estaba feliz con los reconocimientos que el hotel estaba recibiendo en la industria del turismo.

En un principio le preocupó que tener un monje budista como socio fuera difícil. «¿Qué sabe un monje de negocios?». Sin embargo, ahora, con la hoja del balance del proyecto hotelero en mano, el Billonario se alegró de haberse equivocado.

Al llevar sus pensamientos a la declaración del Monje, el Billonario reflexionó que cuando era niño el primer pensamiento que había sido implantado en su mente era asociar la felicidad con el acaparamiento y la acumulación de bienes materiales. La exhibición de la abundancia se consideraba la clave de la felicidad en su sociedad. Rechazar la abundancia se consideraba un fracaso. Sin embargo, en algún lugar de su corazón, necesitaba descubrir cómo este hábito de acaparar y acumular no era más que un desorden y uno de los obstáculos para conseguir la felicidad en su vida. «Tal vez, ¿el Monje podría ayudar?».

—El minimalismo no es la ausencia de ambición. No es la santidad. Es una elección de vida en la que decides vivir con las mínimas posesiones pero con el máximo enfoque. La idea es que a través del desorden físico, también se desordenan los armarios mentales, que siguen cargados de objetos y emociones innecesarias y sin sentido —dijo el Monje como si hubiera leído la mente del Billonario—. Supongo que tener menos cosas que cargar facilita el camino de la vida —respondió el Billonario, sarcásticamente.

El viaje en coche por el escarpado pero apacible paisaje tibetano empezaba a calmar los nervios del Billonario. Habían sido veinticuatro horas agitadas, con un viaje intercontinental en el que le acompañaron el *jet lag* y algunas malas noticias. El acuerdo de telecomunicaciones en Kazajstán no se estaba concretando como se requería. La burocracia estaba retrasando la firma final de la licencia. Había que pagar algunos sobornos, pero el Billonario se había negado a hacerlo.

Volviendo al presente, el Billonario conocía el significado del minimalismo moderno. Después de todo, era la última moda a nivel mundial. El billonario Nicolas

Berggruen era un seguidor declarado del minimalismo moderno. A primera vista, el minimalismo era un
estilo de vida que abogaba por tener pocas posesiones
físicas. Simplemente te animaba a identificar lo que te
resultaba esencial para sobrevivir y desechar todo lo
demás. Cada posesión material tenía que justificar su
existencia en tu vida diaria. El único problema era que
consideraba el minimalismo como un estilo de vida
hippie.

—Mucho más fácil —sonrió el Monje, trayendo
al Billonario de regreso a la discusión—. Pero verás,
una vez que te decides por el minimalismo en tu vida,
en efecto, empiezas a soltar *todas* las piezas de equipaje
innecesarias; empiezas a ver los verdaderos objetivos y
a sentir la energía para lograrlos de manera efectiva. No
es una excusa para huir de tus responsabilidades. No
es una vida sin ambiciones. ¡No es en definitiva una excusa para ser perezoso! Simplemente estás decidiendo
enfocarte en pocas cosas que son esenciales, y evitar las
distracciones. Al concentrar tu energía en pocas cosas
esenciales, puedes eliminar las distracciones y alcanzar
la felicidad de una manera mucho más eficiente».

Pensando en ello, el Monje tenía razón, reflexionó
el Billonario. «Algunos de los triunfadores más significativos de la actualidad, como Jeff Bezos, el hombre
más rico del planeta, Bill Gates, Warren Buffet y el

prodigioso Mark Zuckerberg, son famosos por su capacidad de llevar una vida sencilla y centrada. Incluso atribuyen su éxito al hecho de que pueden eliminar las distracciones y centrarse solo en los aspectos esenciales; esto, en efecto, les ayuda a concentrarse en el panorama general».

—Entonces, ¿el minimalismo favorece tu ambición? —preguntó el Billonario en tono curioso. El cielo se tornaba gris y con nubes amenazantes. Rara vez llovía en esta parte del mundo, pero el baile de las nubes siempre era teatral.

—Sí, cuando pasamos del aspecto físico del minimalismo a la aceptación mental del mismo, nos da la libertad de perseguir lo esencial. La verdad es que la única razón por la que seguimos viviendo con mucho desorden es porque tenemos miedo a dejar ir. Creemos que algún día necesitaremos lo que es inútil hoy. Nuestro miedo e inseguridad son las razones más importantes por las que nos resistimos a abrazar el minimalismo. Creemos que la sociedad nos despreciará, que nuestra posición social se verá mermada y que nuestra ambición y nuestros sueños morirán si abrazamos el minimalismo. —Las últimas frases del Monje pretendían ayudar al Billonario a tomar la decisión correcta. El Billonario lo entendió y esto le generó una leve sonrisa.

Sorprendentemente, ya había comenzado a llover. El Monje bajó las ventanillas del coche y la fragancia terrosa generada por la lluvia golpeando la tierra reseca llenó el coche. Era embriagador.

—Es curioso, podemos diferenciarnos entre nosotros según los países y las razas, pero en todas partes, el aroma de la lluvia al caer sobre la tierra seca huele igual —murmuró el Billonario para sí mismo. El Monje lo escuchó:

—Sí, los humanos se diferencian; la naturaleza no.

—Entonces, dígame, ¿cómo quiere que practique el minimalismo sin tener que renunciar a mi cuenta bancaria? —preguntó el Billonario. La filantropía no era su fuerte, y no tenía intención de donar su fortuna a la caridad, dado que tanto esfuerzo le había costado.

—El minimalismo no consiste en renunciar a tu cuenta bancaria, compañero; ¡puede aumentarlo! —dijo el Monje con un guiño y una sonrisa—. Permíteme repasar los principales componentes del minimalismo tal y como yo los entiendo:

»Creo que el camino hacia la felicidad empieza por desprenderse de algo de equipaje. Sin embargo, a diferencia del gran Buda, no siempre tenemos que renunciar al mundo. Aquí es donde mi maestro espiritual del monasterio y yo discutimos a menudo. Yo estoy en contra de la renuncia total y quiero encontrar la felicidad en el mundo, no lejos del mundo. Veo el minimalismo como el primer paso hacia mi objetivo de felicidad. —De manera seria el Monje dijo—: He estado estudiando y tratando de encontrar las respuestas a la felicidad a través del minimalismo. Puede que haya llegado a alguna parte, pero no estoy seguro. Tal vez, ¿podamos compartir nuestros pensamientos? Por qué no sacas el diario de bolsillo de la guantera; he estado garabateando mis pensamientos en él —dijo el Monje señalando la guantera.

El Billonario encontró el diario y lo abrió. En la primera página estaba la foto del Dalái Lama. Ya que está prohibido llevar su foto, la mayoría de los tibetanos esconden la imagen de su santidad entre sus objetos de uso diario. Lo siguiente estaba garabateado en la tercera página:

1. El minimalismo es tanto para el equipaje físico como para el emocional.
2. El minimalismo físico es el primer paso hacia la felicidad mental y emocional.
3. Los seres humanos son ingeniosos y pueden innovar para vivir sin tanto y hacia adentro.
4. El minimalismo potencia la ambición al ayudar a enfocarnos.

5. El mayor regalo del minimalismo es el tiempo libre que se genera y que puede utilizarse para perseguir aquello que es valioso.
6. El minimalismo es respetuoso con el planeta. Practicar el minimalismo es nuestra forma de contribuir.
7. No lleves la carga del mundo sobre tus hombros.

El Billonario releyó la página y, tras reflexionar, añadió lo siguiente:

1. El dinero que ahorramos es dinero que ganamos.
2. Recuerda, no nos estamos convirtiendo en santos al elegir el minimalismo; sólo nos estamos volviendo selectivos en nuestras búsquedas y objetivos.
3. No participes en el consumismo y arruines tu cartera y tu felicidad.

El Billonario no pudo contener su sonrisa al comprobar que había escrito las palabras con su última pluma Montblanc. La ironía acababa de morir.

—Hagamos una cosa. Estoy aquí por tres semanas. Como no estaré sumergido en el trabajo, creo que tendré tiempo para pensar en asuntos más allá del trabajo. Hagamos una lista de las cosas que aportan felicidad a nuestras vidas y, el último día de este viaje, compartámoslas. ¿Qué te parece? —preguntó el Billonario con entusiasmo.

—Esto suena brillante; por fin podré compartir mis puntos de vista sobre la felicidad y aprender sobre ella de un capitalista empedernido. —Ambos estallaron de la risa.

2

Comienza con la mente

Para gozar de buena salud, para traer la
verdadera felicidad a la propia familia,
para traer la paz a todos, uno debe
primero disciplinar y controlar su
mente. Si un hombre puede controlar su
mente, puede encontrar el camino hacia
la iluminación, y toda la sabiduría y la
virtud vendrán a él de forma natural.

—El Buda

El Gobierno de China, en 2001, había rebautizado la
somnolienta aldea de Zhongdian con el mítico nombre de Shangri-La de la famosa novela y película, *El
horizonte perdido*. Fue un brillante plan de mercadeo

para construir un destino turístico de la nada y permitir al mundo occidental experimentar la serenidad y la tranquilidad del Tíbet. Se eligió Zhongdian porque contaba con los tres elementos críticos mencionados en la historia: un hermoso e impresionante paisaje tibetano, reliquias de un avión de guerra de la Segunda Guerra Mundial que habían sido descubiertas cerca de la frontera del pueblo y la presencia del encantador monasterio Songtsen Ling. Pensándolo bien, quizá Zhongdian era el Shangri-La que James Hilton imaginó.

El Billonario había leído sobre el desarrollo de Shangri-La y aprovechó la primera oportunidad para iniciar una empresa conjunta con el Monje. Los contactos del Billonario en el Gobierno de China lo recomendaron altamente por su ingenio. Se trataba de un pequeño hotel, pero la idea de adelantarse a todos sus compañeros en aquel destino servía de gran estímulo para el ego del Billonario.

o   o   o

AL BILLONARIO LE ENCANTABA SU *CHAI* MATUTINO. EL *CHAI masala* dulce era su bebida preferida. «Los bebedores de café son siempre los «farsantes» y no se puede confiar en ellos. Los bebedores de chai, en cambio son los que tienen los pies en la tierra y en quienes se puede confiar».

La mañana de hoy era diferente. Ahora que había comenzado a mirar el mundo a través del lente del minimalismo, se le hacía evidente la belleza en la ligereza de la vida.

Él creía que la mente humana es la herramienta más poderosa que está bajo nuestro control. El Billonario sabía que, desde el punto de vista científico, el cerebro controla nuestro bienestar emocional a través de la liberación de neurotransmisores como la dopamina y la serotonina, responsables de la emoción de «felicidad» que experimentamos. Además, todos los sentimientos como el miedo, la ansiedad, el dolor y la depresión nacen en la mente y se pueden matar en la propia mente. El poder de pensar, imaginar, decidir y actuar se encuentran en el dominio de la mente. Dado este papel fisiológico esencial, nuestro coeficiente de felicidad está relacionado con nuestro estado mental. Pero no todo conocimiento es fácil de seguir.

Después de la discusión de ayer, él vio la importancia de despejar su almacén mental y sustituir el desorden por un resort de felicidad para alcanzar la alegría y la felicidad eternas; un resort tan sereno como el que había construido en Shangri-La.

—¿Has dormido bien? —La pregunta del Monje sacó al Billonario de sus pensamientos—. Espero que la habitación haya estado cálida.

—Sí, todo bien. Los suizos han hecho un trabajo fantástico con la calefacción de losa radiante. Le enviaré un correo electrónico a mi oficina, hoy mismo por la tarde, para escribir una carta oficial de agradecimiento a su director general. Me he quedado pensando en nuestra discusión de ayer sobre el minimalismo. El minimalismo está bien, pero creo que se necesitan más variables para ser feliz en la vida. Al fin y al cabo, si la felicidad residiera únicamente en el minimalismo, el mundo se habría paralizado. El progreso material de la humanidad no habría tomado forma. ¿Me explico?

El Monje no esperaba que el primer pensamiento del día en la mente de un Billonario fuera el minimalismo. Pero el haber tratado con mentes inquisitivas durante muchos años le hizo comprender los pensamientos que corrían por la mente del Billonario.

—Estoy de acuerdo. La felicidad es algo más que el minimalismo. Recién la semana pasada conocí a una fascinante pareja de ancianos estadounidenses que compartieron algunas ideas muy profundas sobre sus aprendizajes en la vida. Hablemos de esto durante el desayuno, ¿de acuerdo?.

Tanto al Billonario como al Monje les gustaba tomar un desayuno sustancioso. Como ambos habían pasado sus primeros años de vida con muchos esfuerzos, consideraban el almuerzo como un lujo. Así que el desayuno era siempre una comida bien disfrutada.

—El Sr. y la Sra. Fanning son emprendedores de primera generación, como usted, y poseen algunas plataformas petrolíferas en Texas. Probablemente tengan unos setenta años, y estaban aquí para celebrar su cuadragésimo aniversario de bodas. Lo que me atrajo de ellos fue el aura de felicidad que les rodeaba. Además, es notable la disciplina que seguían incluso a esta edad. Parecían tener todas sus actividades planificadas como por reloj, ya fuera el entretenimiento o las comidas. Disfrutaban pero nunca cedían a un capricho, si me permito decirlo.

»Así que le pregunté al Sr. Fanning cómo se las arreglaba para mantener esta disciplina y seguir siendo feliz.

»Dijo él: «La felicidad comienza con la definición de tus objetivos y la planificación de tu vida en función de ellos».

»Siguió: «Define tus objetivos. Un paso esencial hacia la felicidad es enfocar tus pensamientos. Recuerda que donde va el enfoque, fluye la energía. Por lo tanto, es imprescindible saber a dónde vas antes de comenzar a andar por el camino de la felicidad. Elimina toda la confusión y sustitúyela por objetivos bien definidos».

»Me explicó el juego de «fijación de objetivos de fin de semana» que le encanta compartir con la gente. Es algo así:

1. **Viernes:** justo antes de dormir, piensa, en silencio y escribe los veinte objetivos más importantes que quieres conseguir. Clasifícalos como quieras, objetivos materialistas, profesionales, sociales, físicos y emocionales si lo deseas. Debes escribir estos objetivos con honestidad y sinceridad. Coloca este trozo de papel bajo la almohada y deja que los objetivos sean el último pensamiento que ocupe tu mente antes de dormirte.

2. **Sábado:** cuando te despiertes, elimina de la lista cinco de los objetivos menos esenciales. La eliminación no tiene que ser por categorías. Se eliminan los cinco objetivos menos importantes de la lista. Durante el día, piensa en los objetivos y reflexiona también sobre si necesitas añadir algo. Más tarde, por la noche, cuando estés en paz contigo mismo, elimina otros cinco. Si has

añadido algo a la lista, borra el número correspondiente para que sólo permanezcan diez objetivos. Una vez más, duerme con los objetivos bajo la almohada.

3. **Domingo:** cuando te despiertes, borra otros cinco. Ahora sólo te quedan cinco objetivos. Estos cinco objetivos son el propósito de tu vida. Vive con ellos y vive para ellos. Identifica las habilidades, las personas y las herramientas necesarias para alcanzarlos.

4. Antes de irte a la cama el domingo, escribe las habilidades, las personas y las herramientas que has identificado para cada objetivo. Pon esta lista final de tus objetivos y el camino hacia ellos bajo tu almohada y duerme con la satisfacción de haber iniciado el viaje mental para obtener la felicidad.

5. Cada noche, antes de dormir, repasa esta lista. Estos objetivos y el camino deben ser tus últimos pensamientos antes de dormir. Poco a poco, la mente filtrará todo el resto de las ideas, y tu enfoque en estos objetivos será visible en todas tus acciones.

»Terminó el Sr. Fanning su discurso al decir: «Una vez que empiezas a hacer esto, pasas al siguiente paso, que es vivir de acuerdo a una lista de tareas». —El Monje hizo una pausa para tomar un sorbo de su *chai*.

—A mí también me gusta vivir según una lista de tareas —interrumpió el Billonario. El entusiasmo por compartir sus pensamientos era infantil.

—Nunca será suficiente insistir en el beneficio productivo de hacer una lista de tareas. Es una herramienta esencial que nos ayuda a eliminar lo mundano y a centrarnos en lo necesario. Una lista de tareas pendientes se prepara mejor por la mañana para poder planificar el día en torno a ella. Por la mañana, la mente está tranquila y en mejor estado para procesar cómo se ven los 360° del día que se avecina.

»Sobrecargar la lista te desanimará a seguirla. Por lo tanto, es mejor que la lista sea sencilla, enumerada y precisa para que sirva de apoyo a la mente y no la abrume. Por la noche, revisa la lista de tareas pendientes y marca las tareas completadas. Con suerte, habrás podido cerrar todos los trabajos, pero si algo está incompleto, no te preocupes. Complétalo al día siguiente.

»La satisfacción de marcar las tareas logradas aumenta la confianza, anima y da energía para futuras misiones. Te ayudará a concentrarte y a conseguir más cosas. —El Billonario terminó la frase con un resplan-

dor de logro. ¡Esperaba recibir una estrella de reconocimiento de su profesor!

Otra gran mente validaba ahora el secreto del Sr.
Fanning.

o   o   o

DESPUÉS DEL DESAYUNO, AMBOS SOCIOS VISITARON AL
gobernador de la provincia. El gobernador era la cara
del Gobierno de China y siempre estaba encantado de
conocer a los inversores e investigar el estado de sus
asuntos. Mantener el contacto ayudó a reconfortar a
los inversores y posiblemente también a atraer más inversiones a la región. El Gobierno de China valora a
los inversionistas como ningún otro país, y esto es en
parte responsable de la trayectoria de crecimiento que
ha tenido el país en las últimas décadas.

El Billonario creía firmemente que China era una
sociedad capitalista con vestimenta socialista, mientras que la India era una sociedad socialista vestida de
capitalista.

El gobernador era un hombre de cincuenta y cinco
años y muy guapo, si es que se puede decir eso. Sus ojos
sonreían más que sus labios. Aunque el Billonario no
entendía el idioma, la genuina muestra de felicidad y

preocupación mostrada por el gobernador fue suficiente para que el Billonario se sintiera acogido y querido por este país. La felicidad era contagiosa, supuso.

De vuelta al resort, el Monje llevó al Billonario a conocer al Lama Principal. Fiel a la filosofía de la iluminación, la habitación del Lama estaba vacía y adornada sólo con lo esencial. Con la suerte de su lado, el Lama acababa de terminar su meditación y en su rostro había un brillo divino de dicha. El Monje le había hablado a menudo del Billonario, y el Lama se alegró de conocer por fin a ese hombre visionario, capaz de ver tanto el potencial financiero como el impacto social positivo de invertir en un proyecto como éste.

El Lama, como muchos de los suyos, había pasado algo de tiempo en la India en su infancia. Sentía un gran respeto por los indios por el apoyo que habían prestado a su Santidad el Dalái Lama. Insistió en recibir al Billonario con una simple comida de arroz y lentejas. El Lama preguntó en broma si el Billonario había traído pepinillos de la India. Desde tiempos inmemoriales, los indios han viajado por todo el mundo como comerciantes y hombres de negocios y no como invasores. Habían llevado consigo su cultura, su comida y su sabiduría. Desde sus días en Dharamshala, al Lama le encantaban los encurtidos de mango. «Los placeres simples suelen ser los más satisfactorios».

Mientras esperaban el almuerzo, presidiendo la tradicional ceremonia del té, la conversación se dirigió hacia la meditación.

—Según la sabiduría y las escrituras antiguas, la meditación, en diferentes formas y formatos, se ha practicado para calmar la mente y concentrar la energía —explicó el lama—. La meditación puede significar cosas diferentes para cada persona. Existen varias escuelas de pensamiento y técnicas, y cada una tiene sus propios méritos y deméritos. Sin embargo, el objetivo de todas las técnicas de meditación es el mismo: aportar armonía a la mente, al cuerpo y al alma. Así que, en mi visión, cualquier cosa que te ayude a alcanzar la armonía es meditación. No soy un purista de las meditaciones yóguicas regulares.

«La armonía» es parte de nuestro vocabulario pasivo y rara vez se utiliza como parte de nuestro vocabulario activo. Cuando se utiliza en el momento adecuado, tiene un sonido agradable. El Billonario se alegró de escuchar esa armonía en este ambiente y compañía.

—Para algunas personas, el yoga es meditación, mientras que para otras, incluso un paseo por el jardín es meditación. Para algunos, los cánticos son meditación, mientras que para otros, escuchar las melodías de Kishore Kumar también es meditación. —Las últimas palabras iban dirigidas al Monje, que adoraba sus melodías de Bollywood—. La verdad es que escuchar tus pensamientos en silencio mientras bebes una taza de *chai* también es meditación. En efecto, no te guíes por ninguna definición establecida o preconcebida sobre la meditación. En cambio, cualquier cosa que te ayude a establecer esa conexión de un microsegundo con tu alma es meditación. Síguela. Es la fuente más potente de toda la energía y la felicidad en tu vida. No te preocupes por cómo los demás quieran que medites; sólo tú sabes lo que funciona para ti. Sigue con ello. —El Lama sonrió y señaló el cuenco humeante de arroz y *dal* que les habían colocado frente a ellos.

La explicación del Lama sobre la meditación tenía sentido para el Billonario. El Billonario nunca había sido capaz de sentarse en una posición «ideal» y meditar. No importaba lo que intentara, su mente hiperactiva siempre se desviaba. Pero si la definición que acababa de dar el Lama era correcta, ¡meditaba todos los días cuando tomaba su taza de té matutina! Su hora del *chai* era su tiempo para sí; era su meditación.

«¿Cómo lo sabía el Lama? ¿Coincidencia o guía divina?». El Billonario sabía que el camino de la felicidad había empezado a revelarse.

3

La simpleza de la felicidad

La belleza es la promesa de la felicidad.

—Stendhal

—¿De qué es esa presentación que te mantiene ocupado en la mañana? —preguntó el Monje, esperando no sonar demasiado entrometido.

—Es un estudio sobre el futuro de la industria de las telecomunicaciones y el consumo de datos a nivel mundial —respondió el Billonario, sin dejar de mirar su iPad.

—¿Es cierto que la raza humana se encuentra en un punto de inflexión estimulado por la introducción de la vida virtual y la existencia digital? ¿Es la nueva cocaína? —preguntó el Monje, plenamente consciente de que ahora *sí* molestaba al Billonario. Pero preguntar siempre fue el pasatiempo favorito del Monje. ¡Después de todo, como monje, había aprendido que pedir era el primer paso para recibir!

El Billonario dejó el iPad sobre la mesa y respondió tras una pausa:

—No cabe duda de que la exposición a los teléfonos inteligentes y al mundo virtual en general es un hito y una maldición en la cadena de la evolución humana. Tendrá implicaciones duraderas para la raza humana, algo que no puede ser visualizado hoy en día ni siquiera por las mentes más brillantes de nuestra generación. Creo que es esencial que abracemos la tecnología, pero con precauciones. Después de todo, tenemos que entender que la tecnología en nuestras vidas hoy en día debe estar a nuestro servicio y no ser nuestro amo. Es una herramienta que puede añadir un valor inmenso a nuestra vida diaria, pero en el momento en el cual la tecnología empieza a controlarnos, es necesario revisar nuestra relación con ella.

»Sabemos que el tiempo de pantalla, principalmente a través de un dispositivo personal como el teléfono inteligente, está alterando no sólo nuestros hábitos de interacción social, sino también el poder de la mente. Nosotros, como sociedad, nos movemos hacia la comodidad de una existencia virtual, ya que requiere esfuerzos físicos mínimos. Además, varios estudios apuntan cada vez más a la posibilidad de que esta sobrecarga digital sea una fuente principal de problemas como la ansiedad, la distracción, la depresión y la infelicidad.

»La necesidad de revisar el teléfono con regularidad, el sentimiento de rechazo que se implanta cuando tu publicación social no genera una respuesta, o la muy deprimente tarea de comparar tu vida real con la vida virtual de otra persona está provocando graves problemas de salud mental y causando una infelicidad generalizada. ¡Por lo tanto, se hace imprescindible aprender a desconectar! Sí, apagar el teléfono móvil es ahora una tarea diaria tan importante como lavarse los dientes. Mantener el teléfono al lado de la cama por la noche es más tóxico para tu felicidad de lo que puedas pensar. Puede ser un hábito inofensivo, pero el daño que causa en el inconsciente es múltiple. Esta necesidad de estar siempre conectado las veinticuatro horas del día y participar en la «Era de la Atención» está drenando las sencillas alegrías de nuestra vida.

«¿La Era de la Atención?». El Monje había oído hablar de la Edad de Piedra, de la Edad de Hierro, de la Era Industrial y, en cierto modo, incluso de la Era Capitalista, pero era la primera vez que oía el término Era de la Atención. De todas maneras, el contexto en el que se hablaba de este término le resultaba fácil de entender.

—Sin embargo, practicar el distanciamiento de la pantalla es más difícil de lo que parece —interrumpió el Monje, señalando en broma el iPad del Billonario.

—Esto sólo demuestra mi punto de vista —rió el Billonario—. El tiempo que la gente dedica a las redes sociales, a ver series web y a otro tipo de consumo de contenido digital sin sentido, sin ningún propósito ni objetivo, nos está convirtiendo en zombis. Hace que la gente pierda la concentración en las actividades diarias y obstaculiza la productividad en el trabajo. Nos enteramos de las tragedias que ocurren cuando la gente arriesga su vida para grabar un video o tomarse un *selfie*. Supongo que nunca se puede subestimar la estupidez de las obsesiones humanas. Puede que sea bueno para mi negocio, pero me aseguro de que para mis hijos, en mi casa, el consumo de contenidos en línea esté regulado y se imponga un estricto límite de tiempo a la exposición a la pantalla. Como conozco los efectos secundarios, me aseguro de que no se convierta en una molestia.

Como reflexión posterior, el Billonario añadió:

—La hipocresía es común en el capitalismo.

El Billonario reanudó su trabajo en el iPad. El Monje se alejó para ver por qué los nuevos turistas cantaban el himno de su equipo de fútbol en la recepción. Probablemente, su equipo de fútbol había ganado. Siempre había algo nuevo que aprender en la industria hotelera. Sonrió.

El Billonario necesitaba un descanso y decidió tomar una siesta rápida. ¡El ritmo lento de la vida en Shangri-La le estaba ayudando a recuperar décadas de sueño perdido!

Por la tarde, los socios debían dirigirse al Parque Forestal Nacional de Pudacuo, para planificar cómo las excursiones al parque podrían añadirse al itinerario de los huéspedes del hotel.

o   o   o

LA BELLEZA DEL PARQUE ERA FASCINANTE. LAS PRADERAS onduladas, las montañas azules y los lagos brillantes constituían un escenario perfecto. Los pinos y cipreses antiguos formaban el telón de fondo de las aguas cristalinas. Las colinas eran suaves y estaban llenas de vida. A la belleza del paisaje se le sumaba la orquesta musical de las diversas grullas de cuello negro que habían bendecido esta tierra convirtiéndola en su hogar. Esta experiencia en este momento era, sin duda, la felicidad pura.

En ese momento, los pensamientos del Billonario

se desviaron hacia la jungla de cemento que llamaba hogar: Bombay.

Reflexionó sobre cómo viven la mayoría de los humanos, los residentes del reino de la jungla de cemento. «Algunos de nosotros estamos enamorados de los rascacielos, otros encuentran la música en el bullicio de la ciudad, y para algunos, las delicias gastronómicas de la vida urbana son irresistibles. Mirar las vitrinas como si compráramos, las discotecas y el coro del tráfico forman parte de nuestra existencia. Lo amamos o lo odiamos; está ahí. Sin embargo, en todo esto, echamos de menos la pureza de la naturaleza, como la estoy experimentando. Seguramente por eso algunas personas pegan en sus coches pegatinas que dicen "las montañas llaman"».

Sus pensamientos continuaron a la deriva.

«La naturaleza es la sanadora por excelencia. Es una fuente ilimitada de felicidad, y los habitantes de la jungla de cemento tenemos que llevar esa felicidad a nuestra vida cotidiana. Respirar la naturaleza y no las representaciones cosméticas debe incorporarse a nuestro estilo de vida a través del diseño y los arreglos. Tal vez tener plantas en macetas, incorporar diseños arquitectónicos aireados, adoptar mascotas, dedicar tiempo a contemplar apaciblemente el amanecer y el atardecer, realizar paseos por la naturaleza y hacer picnics, y escuchar música que represente los sonidos de la naturaleza puede ayudar a traer la naturaleza y su positividad a nuestras vidas. Abrazar la naturaleza, incluso a través de los actos más pequeños, puede ayudarnos a eliminar lo mundano y perseguir lo significativo. Puede que la teoría de mi esposa de que un paseo por el parque puede calmar tus nervios y ahorrarte una docena de visitas al médico sea realmente correcta. Un simple paseo por la naturaleza puede pintar nuestra vida cotidiana con los colores de la felicidad. Amén».

A medida que sus pensamientos se manifestaban, se dio cuenta de que la simplicidad de estas ideas era poderosa.

Sin olvidar que el escapismo a través de los viajes y el turismo es una industria multimillonaria en todo el mundo, el Billonario y el Monje brindaron por *sus* inversiones en turismo.

El viaje de vuelta al complejo turístico fue en silencio. A veces, la felicidad y la belleza se disfrutan mejor en el silencio individual.

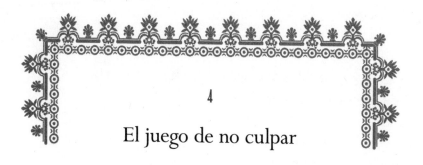

4

El juego de no culpar

La mayoría de la gente es tan
feliz como deciden serlo.

—Abraham Lincoln

El Monje estaba agitado; de hecho, estaba bastante
«no-monje», aquella mañana. Algunos huéspedes habían desaparecido con valiosas pertenencias del hotel
cuando se marcharon a altas horas de la madrugada.
¡Malditos ladrones! Había sido un error haber obligado
a su amigo agente de viajes a que reservara el grupo.
El Monje había querido decir que no, pero el miedo
a perder la aprobación social lo había frenado y ahora
estaba pagando el precio. El encargado de la limpieza

se puso colorado cuando el Monje lo acribilló con los más selectos improperios.

El Billonario acababa de terminar su taza de *chai* matutina y observaba con atención cómo su compañero culpaba y le faltaba al respeto al personal del hotel. Comprendía la frustración, pero ver a un monje agitado era como contemplar un oxímoron tomar vida propia. El Billonario pensó que, por una vez, le tocaba a él dar a su compañero unas cuantas lecciones sobre la felicidad, las cuales el Billonario había descifrado de los misterios de la vida.

—¿Sabes que el ser agradecido y no culpar son esenciales para alcanzar la felicidad en la vida? —preguntó el Billonario, adentrándose directamente en el tema mientras los socios se sentaban a desayunar. Aunque el Monje ya se había calmado, los signos de los gritos de guerra de la mañana aún eran evidentes en su rostro.

—Créeme cuando te digo esto, pero cuando nos olvidamos de estas dos doctrinas, la vida empieza a dar un giro hacia lo peor. La mayoría de la gente estará de acuerdo en que pasamos mucho tiempo pensando en todas las cosas buenas que podrían haber sucedido en nuestras vidas pero no sucedieron, por causa de alguien o de algo. Pueden ser las acciones de un colega, un acontecimiento de la infancia, una elección profesional que hicimos o una decisión de inversión que no tomamos. El hecho es que el pasado no puede deshacerse. Ningún tipo de venganza, oración, remordimiento o acción correctiva puede arreglar el pasado; lo que puede ajustarse son las consecuencias del pasado en el presente.

»Además, es liberador saber que tú y sólo tú tienes el control sobre tu propia vida. Esta comprensión es esencial para ser feliz. En el momento en que empiezas a culpar a los demás de la situación de tu vida, estás cediendo el control y renunciando a tu derecho a la felicidad. Una vez que asumes la responsabilidad de tus acciones, incluso si resultan desastrosas, te proporcionan una oportunidad de aprendizaje. Sin embargo, cuando empiezas a jugar al juego de la culpa, tu mente está más preocupada por elaborar una «lista de culpables» y deja de procesar las lecciones que se podrían haber aprendido.

»Por lo tanto, es esencial dejar de culpabilizar.

»A menudo se dice, y yo estoy totalmente de acuerdo, que si todos nosotros pusiéramos nuestros problemas sobre la mesa y los comparáramos con los de los demás, ¡la mayoría de nosotros estaríamos encantados de irnos con nuestros propios problemas existentes! Sí, una observación extraña pero cierta.

»Cada uno libra su propia batalla, que los demás

desconocen, y cada uno está convenientemente equipado para librar esa batalla. En otras palabras, tus problemas son los problemas adecuados para ti. Por lo tanto, es esencial estar agradecido por lo que tienes y dejar de llorar por lo que podrías haber tenido. Lo que tienes o no tienes ha sido diseñado según tus necesidades, y esta generosidad del karma debe ser valorada y apreciada. Es esencial aprender a ser agradecido para ser feliz.

El Monje escuchó atentamente; sus rasgos se relajaron mientras asimilaba lo que el Billonario decía.

—Pero recuerda —continuó el Billonario—, ser agradecido no significa que vivas en un *statu quo* sin aspiraciones; no significa que renuncies a intentar progresar o avanzar en la vida. Sólo significa que aprecias el presente y construyes el futuro a partir del presente. —El Billonario concluyó su explicación, y el monólogo hizo que el Monje se diera cuenta de su error. El hábito de culpar podía dejarle a uno cojo en el camino hacia la felicidad. También se alegró de ver a su compañero bajo una nueva luz. Solamente un ser humano sensible conoce la importancia de ser agradecido.

El Monje se disculpó con el encargado de limpieza y, con un guiño y una sonrisa, agradeció a su compañero por mostrarle el camino correcto. Al fin y al cabo, el Monje tenía mucho que agradecer en su vida.

o   o   o

A MEDIDA QUE AVANZABA EL DÍA, EL MONJE SEGUÍA pensando en el acontecimiento de la mañana. Estaba ansioso por saber por qué el incidente lo había puesto tan furioso. Era algo habitual que algunos clientes desaparecieran con objetos del hotel. Entonces, ¿qué lo llevó a una reacción extrema esta vez? Necesitaba entender la verdadera razón de su rabia. Tal vez, una rápida charla con su maestro espiritual lo ayudaría.

El Lama escuchó el relato del Monje sobre los eventos de la mañana. La inocencia del Monje al repetir textualmente los insultos que había lanzado al personal de limpieza hizo sonreír al Lama. Algunos de los insultos verbales le recordaron los buenos días de Dharamshala, donde los turistas de Delhi utilizaban los insultos como si fuesen signos de puntuación, pero todo con buen humor. Para cuando el Monje terminó de narrar el suceso, el Lama había comprendido la causa de la agitación del Monje.

—Ahora que has decidido volver al mundo comercial —dijo el Lama con voz suave pero firme—, tienes que comprender el rasgo más importante para el éxito y la felicidad en la vida. Tienes que aprender a decir No. —El Lama hizo una pausa para mirar al pájaro que acababa de posarse en la ventana. ¿También había venido a escucharle hablar?

—Mucha de la infelicidad en nuestra vida se crea porque no nos han enseñado a decir NO. La mayoría de nosotros tiene miedo de decir NO a las personas, a las situaciones y a las relaciones porque tememos el boicot social, las carencias económicas o simplemente nos asusta el cambio.

—Nos hacen creer desde pequeños que decir SÍ es la clave del éxito y la felicidad, ya que abre nuevas puertas. Lo que no se nos enseña es que decir NO no significa necesariamente perder oportunidades. Simplemente significa que después de haber analizado una situación de la mejor manera según tu posición, si sientes ganas de decir NO, lo dices y le das seguimiento consecuentemente con tus acciones. No dejes que nadie ni nada te intimide para que digas SÍ cuando no estás dispuesto a ello. Hacer algo sólo para complacer a alguien es una forma peligrosa de adulación y debería despreciarse en cualquier circunstancia.

»Tu mente y tu corazón están agitados porque has dicho SÍ aunque deberías haber dicho NO.

»La tragedia humana reside en el hecho de que

construimos relaciones, carreras y situaciones sobre la base de un SÍ involuntario. Esta farsa que creamos sólo porque somos incapaces de decir NO siempre empieza a tergiversarse en nuestras vidas. Así, una relación que merece un NO puede cerrar permanentemente la puerta a otra relación que merecía un SÍ. Una carrera sin alegría puede en realidad asesinar un talento brillante y así sucesivamente. Si observas a tu alrededor, varias vidas se viven en la infelicidad sólo porque no tuvieron el valor o la orientación para decir NO. Te debes a ti mismo decir NO cuando sea necesario.

»Incluso los tres monos del Mahatma se dedicaron a practicar el poder de decir NO. Decir NO puede traer dolor temporalmente, pero la felicidad de despejar tu vida superará con creces cualquier dolor.

El Lama guardó silencio después de haber sermoneado a su discípulo. Miró al pájaro, que pareció acusar recibo de este conocimiento divino. Y tras lo que parecía una reverencia de agradecimiento, el pájaro se fue volando. «Tal vez, este conocimiento lo ayude en su próxima vida». El Lama sonrió.

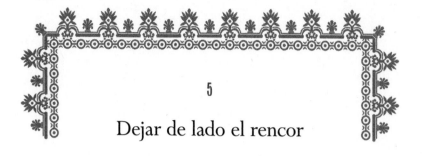

5

Dejar de lado el rencor

Una cosa buena que tiene la música es
que, cuando te golpea, no sientes dolor.

—Bob Marley

El Billonario era muy particular con su rutina matutina. Se levantaba a las cinco de la mañana y, tras un
baño de agua fría, se sentaba a escuchar afirmaciones positivas que su padre le había grabado hace unos
veinte años. Era un regalo inestimable. El Billonario
bromeaba a menudo con sus amigos diciendo que su
salud era probablemente su peor inversión. No hacía yoga ni ningún otro ejercicio físico y se contentaba con ejercicios mentales. Con su taza de *chai* en la
mano, visualizaba mentalmente el día que le esperaba

y lo planificaba. Creía firmemente en el poder de visualizar los objetivos y los retos.

En su casa, disfrutaba haciendo trabajos mundanos como la jardinería o preparar el desayuno para sus hijos por las mañanas. Empezaba a comprender que probablemente esta era su meditación.

La otra regla que seguía era no enviar correos electrónicos ni utilizar las redes sociales antes de las ocho de la mañana. Estaba orgulloso de que, incluso con el frío del Tíbet, pudiera seguir dándose duchas de agua fría. Probablemente presumiría de ello la próxima vez que hablara de los beneficios de un baño de agua fría con su esposa.

Hoy, al sentarse a revisar su correo electrónico, su cara empezó a arder de un rojo intenso. Un periódico de Kazajstán acababa de publicar la historia de la corrupción en las altas esferas y había nombrado explícitamente al Billonario por pagar soborno para conseguir la licencia de telecomunicaciones. El Billonario estaba furioso. «¿Cómo podían tener la audacia de poner el caballo antes que la carreta?».

Todo el mundo sabía que el Billonario se había negado a recibir a las autoridades, y esa era la razón por la que el expediente seguía pendiente de autorización. Y ahora lo culpaban de algo que no había hecho. A sus problemas se sumaba el hecho de que su empresa conjunta con sus inversores de Singapur ahora estaba en peligro.

El sensacionalismo de las noticias para conseguir un mayor número de seguidores era frecuente, y el Billonario había luchado antes contra esta molestia. Esto exigía represalias al más alto nivel. El Billonario no estaba acostumbrado a que lo presionaran. Sabía guardar rencor y devolver el golpe cuando llegaba el momento.

Después de una larga llamada para aplacar a sus inversores en Singapur, el Billonario llegó a desayunar. Aunque era más tarde de lo habitual, el Monje lo estaba esperando. Ambos se sentaron a desayunar. El Monje sintió que algo se cocía a fuego lento dentro de su socio.

—¿Todo bien? —Con sólo dos palabras del Monje fue suficiente para abrir las compuertas emocionales del Billonario. El Monje se vio sorprendido por la fuerza de los sentimientos. Ahora estaba en el extremo receptor de un arrebato emocional: a diferencia de ayer, cuando él había sido el origen y el personal de limpieza el receptor. El karma trabajaba rápidamente.

—Voy a demandarlos a diestra y siniestra. No saben con quién se han metido esta vez —se quejó el Billonario. Dado el estado de los asuntos emocionales, el Monje decidió posponer la visita al monasterio de Songsten, que estaba programada para ese día.

Esto era una pena dado que hoy era el último día antes de que el Lama Principal comenzara su voto de silencio. Había accedido a pasar tiempo personal con el Billonario.

El Billonario decidió pasar el resto del día en video-conferencias con su equipo jurídico y sus asociados. La estrategia para contraatacar estaba enmarcada, los costos y las consecuencias sopesados, y las armas movilizadas, pero en su corazón el Billonario sabía la futilidad de ir a la guerra sólo por un rencor. Se suponía que la ignorancia era la felicidad, pero había que saciar la sed del demonio del ego.

Ya era de noche cuando todo estaba resuelto. El Billonario decidió dar un paseo tranquilo. Cuando llegó al patio abierto, se sorprendió al ver una hoguera y a un grupo de artistas locales que cantaban y tocaban su música tradicional con una guitarra acústica. El Monje le hizo una señal para que se uniera a ellos. La música siempre levanta el ánimo. Cuando se sentó junto al Monje, su mirada se fijó en una joven. Era una frágil belleza con una gracia encantadora.

Aunque el Billonario no entendía la letra, le gustaba el entusiasmo del grupo mientras cantaban y bailaban alrededor del fuego. Al cabo de un rato, el micrófono encontró el camino hacia la mano de la muchacha. Tras dudar un poco, la joven se levantó y lo tomó. El hechizo mágico que se produjo a partir de entonces fue inexplicable. A pesar de que el Billonario no comprendía la letra, la melancolía de su voz era desgarradora. El público estaba drogado por la emoción. Probablemente fue el mismo tipo de hechizo que la legendaria Lata Mangeshkar debió de lanzar cuando bendijo a los indios cantando el clásico «Ae Mere Watan Ke Logo» por primera vez. La canción terminó, pero nadie se movió. Probablemente alguien tuvo que traerlos de vuelta a la realidad. Poco a poco, la gente volvió del mundo mágico. Pero una cosa era segura: todos los que escucharon la canción aquella noche sabían que habían experimentado algo divino. Algo más que una canción.

—Entonces, ¿sobre qué cantaba la chica? —preguntó el Billonario, tras absorber la melancólica voz.

—Abandonar los rencores —respondió el Monje, quien también estaba bajo el hechizo de la canción—. Es un viejo cuento popular sobre cómo un pueblo idílico fue destrozado a causa de un pequeño malentendido, cómo la guerra devastó a la ciudad y dejó tras de sí un rastro de desesperación y destrucción. Todo porque a los humanos nos gusta guardar rencor. Podemos llamarlo como queramos: ego, venganza, honor o envidia; pero, al margen de la nomenclatura, todo responde a ese deseo de devolver el golpe a alguien que puede o no haberte hecho daño, pero que sin duda crees que te lo ha causado y de ahí que albergues la necesidad de venganza.

La gente del pueblo invirtió recursos valiosos como el tiempo, dinero y, a veces, incluso relaciones, sólo para ser vistos como ganadores. En cambio, la mayoría acabaron como perdedores.

—El problema del rencor es que es un arma de doble filo —continuó el Monje, yendo ahora más allá de la interpretación de la canción—. Tiene el potencial de ser un arma de doble filo y, a veces, la acción nacida del rencor te perjudica más a ti que a tu oponente. Trágicamente, bastantes rencores son el resultado de un malentendido, una mala comunicación y un entendimiento selectivo. En realidad, se podrían enterrar rápidamente.

El Billonario se sintió incómodo al escuchar la historia y el comentario añadido del Monje. Acababa de pasar todo el día planificando una retribución, y he aquí una historia de venganza que le salió mal a todos los implicados. ¿Era la puesta en escena de la canción un esfuerzo deliberado del Monje por transmitir un mensaje o un poder superior había diseñado la velada para que comprendiera la futilidad de guardar rencor?

—Entonces, ¿qué debe hacer uno si ha sido agraviado? —preguntó el Billonario con sinceridad en su voz.

El Monje miró las brasas que aún brillaban y libraban

una batalla perdida con la brisa fría. Reflexionó sobre cómo el día caluroso se había transformado en una fría noche. El Tíbet era probablemente una de las pocas maravillas geográficas en las que en un solo día se podía experimentar la temperatura extrema de 95° y 0°, todo ello en veinticuatro horas.

Tras reflexionar sobre la cuestión, el Monje habló con autoridad.

—Aprende a perdonar y a olvidar. Sacrificar la felicidad presente para saldar una cuenta del pasado en el futuro no vale la pena. La vida es demasiado corta para cargar con rencores. Los periódicos están llenos de esas historias trágicas en las que personas y familias destruyen sus vidas y viven solamente para perseguir el rencor. Hay que recordar siempre que perdonar no es una debilidad.

»Pero, al mismo tiempo, hay que tener la valentía de aclarar y buscar una explicación a las acciones hirientes de otra persona. No creas en los chismes; habla desde tu corazón a la persona. Te sorprenderá cómo el diálogo puede resolver los enfrentamientos más difíciles. No consientas, fomentes o generes chismes. Tu vida es más valiosa que ser un simple buzón.

»Además, hay que aprender a pedir perdón. No hay nada malo en equivocarse y reconocerlo. No hay que avergonzarse de pedir perdón si con ello se arreglan las cosas. El diálogo y la conciliación son mucho más eficaces y eficientes que los litigios. El dinero, el tiempo y la ansiedad que se gastan en los litigios anulan en su mayor parte los beneficios que puedan obtenerse.

»Y por último, desarrolla el sentido del humor. A veces, ignorar o reírse de los comentarios hirientes de alguien puede ahorrarte muchos disgustos. La verdad es que muchas personas no quieren decir lo que dicen, o tal vez están hablando bajo influencia y no tienen intención de hacer daño. Si empiezas a tomarte en serio todo lo que la gente dice, será una vida difícil de vivir. Aprende a ignorar.

¡El Monje tenía algunas cartas debajo de la manga en asuntos mundanos! El Billonario hizo un gesto de quitarse el sombrero para reconocer la profundidad de la sabiduría del Monje. A los tribunales de Kazajstán les vendría bien un litigio menos.

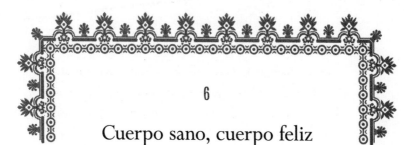

6

Cuerpo sano, cuerpo feliz

Una vez escuché una definición:
¡La felicidad es tener salud y una
memoria corta! Ojalá la hubiera
inventado yo, porque es muy cierta.

—Audrey Hepburn

Habían pasado quince días en Shangri-La, y el Billonario se había asentado bien. Como había wifi y un escritorio de trabajo en su *suite*, podía dirigir su imperio desde la comodidad de su habitación. El cuerpo también había empezado a responder positivamente al aire puro, la comida sencilla y los largos paseos regulares. «Mi cuerpo está poniéndose más joven», pensó el Billonario.

Al ser un martes por la noche, el hotel estaba tranquilo. La zona del vestíbulo estaba desierta debido a una menor cantidad de huéspedes y las vacaciones semanales del personal. El Billonario y el Monje estaban sentados ociosamente, como dos universitarios que no hablaban de nada. Era como en los despreocupados días de la juventud.

—Sabes, te ves mucho más en forma ahora, compañero —comentó el Monje.

—¡Lo sé! Esta misma mañana noté que mi cintura se está reduciendo. El dolor de espalda también ha mejorado. Espero poder volver a montar mi bicicleta Enfield de mis tiempos de estudiante, una vez que esté de vuelta en casa —dijo el Billonario bromeando.

—Ya sabes que en nuestra vida monástica se presta mucha atención a la salud —se unió a la conversación una voz suave. El Lama Principal había venido a ver a sus alumnos que impartían las clases de pintura de *thangka* para los huéspedes de la propiedad y se había dado cuenta que los socios disfrutaban del descanso por primera vez, asi que decidió unirse a ellos.

A veces hay energía divina en no hacer nada.

—Nosotros los budistas consideramos que este cuerpo es un préstamo y es nuestra responsabilidad mantenerlo sano para que el alma resida en él. No cabe duda de que un cuerpo sano puede ser un ingrediente crucial en el cóctel de felicidad de la vida —dijo el Lama con suavidad, mientras se acomodaba en la silla vacía junto a la chimenea.

—Recordarás que, en un día en que tu cuerpo está enfermo, tu espíritu se siente abajo y el corazón deprimido. Esta simple experiencia es suficiente para reconocer que estar enfermo dificulta ser feliz. Por lo tanto, es necesario reconocer y apreciar el valor de un cuerpo sano para tu coeficiente de felicidad y tratar el cuerpo en consecuencia.

El Lama Principal tenía sentido. Un cuerpo sano hace que uno sea feliz.

—Creemos que un cuerpo sano es el resultado de tres aspectos fundamentales: la nutrición, el ejercicio y el descanso. Los tres elementos desempeñan un papel vital en mantener y mejorar nuestra salud. Ningún componente es suficiente por sí solo, y los tres aspectos deben estar equilibrados para tener un cuerpo sano y feliz.

»Debe haber escuchado hablar del nutricionista estadounidense Victor Lindlahr, que en los años veinte trajo al mundo occidental la frase «somos lo que comemos». Significa que los alimentos que comes definen tu bienestar físico y mental. En el Tíbet lo hemos practicado durante mucho tiempo.

»Esta frase es más relevante en esta época porque

estamos rodeados de opciones alimentarias que probablemente nunca antes estuvieron a disposición de la
humanidad. Por primera vez en la historia de la humanidad, nuestra civilización come por el placer de la comida y no por las necesidades del cuerpo. A diferencia
de nuestros antepasados, que probablemente cazaban
para comer, nosotros nos limitamos a abrir un paquete
y ¡listo, el almuerzo está servido!

»Sin embargo, comer no es lo mismo que nutrir el
cuerpo. El cuerpo humano tiene unos requisitos bien
definidos que son necesarios para una vida sana. Privar
al cuerpo de nutrición puede tener graves efectos secundarios. Una vez que empieces a comer bien, verás
que se manifiesta positivamente tanto en tu felicidad
emocional como en tu bienestar físico.

»El segundo aspecto de un cuerpo sano es el ejercicio físico. Hoy en día, la gente lleva un estilo de vida
sedentario. El fácil acceso tanto a las máquinas como
a los equipos ha reducido mucho la carga física de
nuestra vida cotidiana. ¡Incluso los Monjes han empezado a conducir vehículos todoterreno! —El Lama
lanzó una mirada intensa al Monje con una sonrisa
traviesa—. Aunque esto ha permitido y mejorado
nuestra capacidad de trabajo mental, el cuerpo sigue
necesitando su cuota de actividad física. Varios estudios científicos han demostrado que existe una fuerte

correlación entre el ejercicio físico y la felicidad. Está demostrado científicamente que el ejercicio aumenta las endorfinas y otras sustancias químicas del cerebro que nos hacen sentir bien. También reduce los niveles de las hormonas del estrés, entre ellas el cortisol. Incluso pequeñas cantidades de ejercicio físico pueden tener efectos curativos significativos en enfermedades mentales como la depresión, la ansiedad, el estrés y otros problemas emocionales: incluso de diez a quince minutos de ejercicio estructurado como el yoga o un largo paseo es un buen comienzo.

»Por último, dormir bien es importante para el cuerpo. A menudo se oye decir a nuestros maestros superiores que «el sueño es la mejor meditación. —El Lama cerró los ojos en señal de reverencia, pensando en su Santidad. Como mencionar el nombre del Dalái Lama podría causar problemas, el Lama no nombró al orador de esas sabias palabras, pero todo el mundo era consciente del amor que el Dalái Lama tenía por dormir.

—Nuestro sueño tiene una relación directa con nuestra salud física y mental. El descanso es un aspecto esencial para definir nuestro bienestar físico y psicológico. Es la forma que tiene la naturaleza para reparar nuestra estructura física. La falta de sueño se ha relacionado con diversas enfermedades del estilo de vida, como la diabetes, la obesidad, las enfermedades cardíacas, la reducción de la inmunidad y la disminución de la expectativa de vida. La privación del sueño se está convirtiendo rápidamente en una crisis de salud pública silenciosa. La idea de ignorar el sueño para perseguir nuestras ensoñaciones se está volviendo peligrosa.

La precisión científica con la que habló el Lama estaba al nivel de cualquier conferencia médica.

—¿Algún consejo para dormir bien, maestro? —preguntó el Billonario.

—A menos que hayas llegado a la etapa que requiere intervención médica, en cuyo caso deberías consultar a un médico, los trucos para un sueño profundo son bastante sencillos. Estoy seguro de que tu compañero conoce muchos de ellos. Probablemente sea un doctor en la materia —bromeó el Lama. El Monje sonrió.

—Las que yo practico son bastante sencillas:

Ten un horario regular de sueño y vigilia.
Duerme cuando estés agotado, para evitar dar vueltas en la cama.
Antes de acostarte, dedicarte a la atención plena mediante ejercicios como tejer, pintar o leer.
Evita los alimentos químicos y las bebidas que contienen cafeína, alcohol y nicotina.

Haz de tu dormitorio un ambiente cómodo
para dormir.

Evita pensar en temas que te produzcan ansiedad.

Evita mirar la pantalla del teléfono justo antes
de dormir.

En general, la idea es ayudar a tu cuerpo a relajarse
y mantener el reloj corporal para facilitar un sueño
profundo.

Tras una breve pausa, el Lama se levantó de su
asiento, acomodó la leña y, mirando al Billonario, concluyó la conversación con un comentario que tocó la
fibra sensible del Billonario.

—Por último, recuerda siempre que nadie puede
adoptar el dolor y la enfermedad de tu cuerpo. Los
avances médicos y el dinero sólo pueden someter tu
enfermedad y tu dolor; pueden prolongar tu vida, pero
la agonía de la enfermedad y su infelicidad es tuya. La
familia y los amigos pueden compadecerse, proporcio-
nar apoyo moral y seguridad emocional, pero ninguno
de ellos puede sustituir su cuerpo sano por el tuyo.
Luchar contra una enfermedad es siempre una batalla
solitaria e infeliz.

Aunque las palabras habían sido pronunciadas en
el característico tono suave del Lama, el silencio de la

recepción las había hecho lo suficientemente fuertes como para que incluso la muchacha de recepción las captara y entendiera. Otra alma inesperada se había beneficiado de la sabiduría del Lama.

A partir de ese día, el Billonario añadió treinta minutos de ejercicio físico a su rutina matutina y se comprometió a seguir los rituales antes de dormir.

7

Comprar la felicidad

Cuando era joven pensaba que el dinero
era lo más importante en la vida;
ahora que soy viejo sé que sí lo es.

—Oscar Wilde

Esa tarde en la sala de recepción se produjo una
inusual conmoción. Acababa de llegar un grupo de
estudiantes de una escuela de negocios de Shanghai.
El Monje era un miembro activo del organismo industrial local y muy dinámico en la promoción de las
habilidades empresariales entre la población local.
Desde la apicultura hasta la comercialización del té,
recorría a menudo el país haciendo presentaciones

sobre los efectos positivos de las empresas sociales en la vida de las poblaciones de las aldeas. Como resultado, cada año, cuatro o cinco grupos de prestigiosas escuelas de negocios chinas venían a Shangri-La para experimentar de primera mano el funcionamiento de empresas sociales significativas. Este era uno de esos grupos.

El Monje se acercó con entusiasmo al Billonario con una idea.

—¿Por qué no ofreces hoy una pequeña charla sobre el dinero? Todos los estudiantes entienden el español, y estoy seguro de que estarán encantados de conocer y escuchar a un Billonario.

La idea atrajo al Billonario; las interacciones interculturales siempre aportaban una nueva perspectiva a su aprendizaje, y su mente comenzó a preparar la velada. La cuestión era cómo hacer que la charla fuera interesante para los estudiantes. Así que el Billonario tituló la sesión «Sí, se puede comprar la felicidad», sabiendo muy bien que presentando un punto de vista opuesto al normal sería atractivo para el público joven.

La reunión informal en el comedor comenzó con el Monje presentando al Billonario y sus logros. Un fuerte aplauso dio la bienvenida al Billonario cuando se le entregó el micrófono.

—*Tashi Delek*, querido público. Les doy la bienvenida a nuestro hotel y espero que tengan una estadía estupenda —comenzó el Billonario—. Todos hemos oído el dicho «el dinero no puede comprar la felicidad». ¿Y si les digo que eso es mentira? ¿Y si les digo que el dinero es uno de los componentes esenciales de la felicidad? Puede que sea contrario a lo que les han enseñado, pero es la verdad.

El público era todo oídos.

—Déjenme explicarlo. Tanto el dinero como la felicidad son conceptos mucho más grandes y amplios de lo que la mayoría de la gente entiende. La felicidad no es la indulgencia, y el dinero no es simplemente poseer dinero en efectivo.

El Billonario hizo una pausa para que el público pudiera captar lo que acababa de decir.

—Es importante distinguir entre el dinero como concepto y la búsqueda temeraria del dinero como una acción. Esta última sin duda alguna no es deseable, pero la primera es esencial. El dinero es una parte integral de nuestro coeficiente de felicidad. Es uno de los muchos componentes que hacen que una persona sea feliz. Es un activo importante. ¿Pero, es el único componente? NO.

Se escuchaban sonidos de aprobación desde la audiencia.

—De hecho, el dinero como concepto se compone de cuatro dimensiones. Una vez que conozcas estas cuatro dimensiones, te darás cuenta de que el dinero es un concepto mucho más amplio de lo que comúnmente se entiende y el vínculo entre la felicidad y el dinero es inevitable.

»Cuando empecé mi carrera, solía creer que el dinero tenía dos dimensiones: ganar y consumir. En consecuencia, siempre fracasaba en obtener la felicidad de cualquier cantidad de dinero que tuviera, grande o pequeña. Sin embargo, cuando mi cabello comenzó a encanecer, empecé a conocer las otras dos dimensiones del dinero. Y desde que empecé a sincronizar las cuatro dimensiones, ¡la vida ha estado llena de felicidad comprada por el dinero!

»Hoy voy a compartir con ustedes estos dos aspectos ignorados.

La emoción entre el público ahora era palpable. La idea de recibir inesperadamente los secretos del dinero de un Billonario palpitaba entre la multitud.

El Billonario continuó, tras un sorbo de agua:

—Las cuatro dimensiones del dinero son:

1. Los ingresos
2. El ahorro

3. La inversión
4. El consumo

La renta, el salario, los dividendos, los beneficios, los intereses, los honorarios o las compensaciones se refieren a lo mismo. Es la recompensa a nuestro esfuerzo pagada en metálico o en especie. Es el elemento más visible e instantáneo del dinero que todos entendemos.

»Si trabajamos, ganamos. Una ecuación sencilla.

»Sin embargo, los ingresos por sí solos no son dinero. Los ingresos son sólo uno de los cuatro pilares del dinero. En el momento en que empezamos a equiparar los ingresos con el dinero, nos despistamos. Esta es la razón por la que se escucha a varias personas quejarse de que, por mucho que ganen, nunca podrán ser felices. La verdad es que no poseen el entendimiento de que los ingresos no son dinero. Pueden estar generando flujo de caja, pero no están produciendo dinero. Los ingresos son lo que se gana. Es una de las dimensiones del dinero, y el dinero en sí mismo es sólo un componente de la felicidad. ¿Cómo puede uno esperar conseguir la felicidad sólo porque tiene ingresos?

»Este conocimiento es el primer factor diferenciador entre la felicidad y la tristeza por el dinero.

»Ahora, pasando a la segunda dimensión del dinero, el consumo. Se trata de un uso de los ingresos bien practicado. Algunos viven para esto. ¡Otros mueren por esto! —Una pequeña carcajada estalló en la sala.

—La mayoría de nosotros considera que el consumo de los ingresos es la fuente de felicidad del dinero. Si podemos comprar lo que queremos, presumimos que seremos felices. Sin embargo, cuando el consumo de ingresos no nos hace felices, rápidamente decimos que el dinero no puede comprar la felicidad. Esta es la segunda vez que cometemos el mismo error, es decir, utilizar una dimensión para definir la felicidad. —El público empezaba a entender el proceso de pensamiento y asentía con la cabeza.

—Irónicamente, aunque los ingresos y el consumo por sí solos no pueden añadir mucho a nuestra felicidad general, la búsqueda imprudente de ingresos y el consumo sin sentido pueden convertirse en los mayores motivos de infelicidad. Así que, en efecto, puede que añadan menos a la felicidad, pero si se abusa de ellos, nos quitan la felicidad de forma desproporcionada. Sí, es una relación extraña, y hay que hacer una pausa para entender y analizar la relación.

El público estaba en silencio. Probablemente estaban asimilando las grandes ideas. El Monje se sentó en una esquina, sonriendo. Sabía que lo que los chicos estaban aprendiendo aquí en estos pocos minutos era más de lo que aprenderían en sus dos años enteros de universidad.

—Ahora vamos a hablar de las dos dimensiones secretas pero críticas del dinero y de cómo conforman tu felicidad. Estas dos dimensiones son la verdadera fuente de felicidad del dinero, así que escuchen con atención, —ordenó el Billonario, que a estas alturas se había transformado en el magnate de los negocios que era y que exigía, y recibía, la atención embelesada de su público.

—Los jóvenes creen que el ahorro es para los mayores. ¡Los mayores lamentan no haber pensado en ello en su juventud! Como el ahorro es un uso voluntario del dinero, muchas personas deciden ignorarlo. El ahorro es la tercera dimensión del dinero. La mayoría de nosotros no visualiza la utilidad del ahorro hasta que llegamos a la etapa en que necesitamos los ahorros. Así que es esa dimensión del dinero la que no vemos hasta que la necesitamos. Y como se dice, «si no lo has previsto en un día soleado, no lo vas a conseguir en un día lluvioso».

»Todo el mundo debería tener un plan y una disciplina estricta para ahorrar dinero. Hay que recordar que el ahorro es diferente de la inversión, algo que trataremos más adelante. Por lo tanto, siempre es bueno verificar sus ahorros en función de los siguientes parámetros:

1. Liquidez: los ahorros deben tener una gran liquidez; es decir, debes poder tener el dinero en tus manos rápidamente y con el menor costo.
2. Accesibilidad: los ahorros deben ser accesibles en toda localidad geográfica y en todo momento.
3. Sin riesgo: los ahorros deben estar libres de riesgo y no estar sujetos a ningún término ni condición del mercado.

Sólo cuando sus ahorros cumplan todas las condiciones anteriores, podrán llamarlos ahorros y estar tranquilos y felices.

El Billonario se sorprendió al ver que el Lama Principal también estaba entre el público. Le sonrió reconociendo su presencia.

—Por último, el componente glamoroso del dinero, del cual se hacen las leyendas: las inversiones.

El Billonario había hecho su dinero con inversiones que habían cambiado el panorama mundial. Desde disruptores de alta tecnología hasta selecciones de valor tradicionales, su reputación como inversor era notable. En la comunidad empresarial se susurraba que su capacidad individual para generar rendimientos estaba a la altura de algunos de los equipos de fondos de inversión más excepcionales del mundo.

—En palabras sencillas, invertir es hacer que tu dinero trabaje tan duro como tú, —continuó el Billonario.

—En finanzas, el concepto del valor temporal del dinero nos explica que con el tiempo el dinero pierde su valor debido a la inflación. En términos sencillos, cien dólares hoy tienen menos valor que cien dólares hace veinte años. Por eso, cuando te sientas con los mayores de tu familia, te hablan con mucho cariño de cómo podían comprar el mundo en su época al precio de un paquete de galletas hoy día. Son cuentos exagerados, pero la idea se mantiene. Con el tiempo, el dinero pierde su valor. Por lo tanto, es importante que hagas que tu dinero funcione y crezca para que siga el ritmo de la erosión de su valor.

»Intentaré darles algunas reglas sobre las inversiones. Entiendan los conceptos que las sustentan y luego utilícenlas en el mundo real. Es posible que quieran anotarlas.

Algunos se apresuraron para tomar papel y bolígrafo;

otros simplemente empezaron a grabar al Billonario en sus teléfonos. «Generación Z», pensó el Billonario.

—**Regla nº 1:** Riesgo-Recompensa: esta es la regla de oro de todas las inversiones. A mayor riesgo, mayor rentabilidad. Cada opción de inversión ofrece un rendimiento que se ajusta a su perfil de riesgo. Si alguien dice que la inversión es tan segura como un depósito bancario pero que ofrece un mayor rendimiento, es mentira.

A mayor riesgo, mayor posibilidad de pérdida de capital (dinero invertido). Comprende tu perfil de riesgo en función de tu edad, tus necesidades personales, tus necesidades familiares y tu flujo de ingresos. La mayoría de la gente tiende a comportarse como Mel Gibson en *Braveheart* y a sobreestimar su capacidad de riesgo. Sé honesto sobre tu perfil de riesgo y evita cualquier inversión que no se ajuste a tu perfil de riesgo. La diversificación entre los tipos de activos ayuda a repartir el riesgo. Sin embargo, un menor riesgo significará un menor rendimiento.

Regla nº 2: el rendimiento del capital (dinero invertido) es más importante que el retorno del capital (ingresos).

Regla nº 3: no imites las inversiones de otros sólo porque parezca que les va mejor que a ti. Recuerda que cada persona tiene un perfil de riesgo y unos objetivos financieros diferentes. Invertir es un proceso a largo plazo. La acumulación de riqueza es el objetivo principal de la inversión, y sólo se puede conseguir siendo disciplinado, sistemático y persistente a lo largo del tiempo.

Regla nº 4: si no sabes, confía siempre tu dinero a expertos que hayan demostrado su valía en diferentes ciclos y situaciones del mercado. Y recuerda que no hay almuerzos gratis. Cualquiera que intente venderte una idea de inversión de forma gratuita está ocultando algo. Sé consciente de todos los intereses creados.

Regla nº 5: nunca tomes un préstamo para un activo improductivo o que se deprecie.

Regla nº 6: recuerda siempre al comenzar tu vida económica que lo caro no es el coste de la vida, sino el costo del estilo de vida.

Una buena regla es destinar lo mínimo al consumo y lo máximo a las inversiones. Además, el ahorro debe ser suficiente para seis meses de gastos de manutención en cualquier momento. Construya un *corpus* de ahorro antes de invertir.

Regla nº 7: aprende a controlar la tentación de consumir. El minimalismo es una fuente secreta de creación de riqueza.

Y, por último, mi favorita, que siempre comparto con las personas casadas o por casarse: las joyas no son una inversión, son consumo. —El Billonario terminó la charla con una reverencia.

El público se puso de pie, aplaudiendo y vitoreando. Captaron la importancia de la velada y rodearon al Billonario para tomarse *selfies*.

A la mañana siguiente, clavada en la puerta de la habitación de hotel del Billonario había una nota:

Creo que después de entender el dinero tal y como lo has explicado, estoy de acuerdo en que el dinero puede comprar la felicidad si sabes dónde comprar. La verdad es que ahora sé que tener dinero puede o no darte la felicidad, pero no tenerlo ciertamente no te dará la felicidad.

Nos ha demostrado que vivimos en un mundo en el que el dinero es una herramienta esencial para conformar nuestra felicidad. Lo fundamental es recordar que no es la única herramienta.

¡Gracias!
Lama Superior

8

El regreso a casa:
la historia del Monje

En las relaciones humanas, la amabilidad
y la mentira valen más que mil verdades.

—Graham Greene

En el año 1993, un grupo de refugiados tibetanos que vivían en McLeodganj, en la India, decidieron regresar a su tierra natal. No tenían nada en contra del Gobierno de la India y honraban a su Santidad el Dalái Lama con respeto divino, pero simplemente estaban cansados de vivir una vida apátrida. Con la bendición de su Santidad el Dalái Lama, optaron por tomar las riendas de sus propias vidas, y decidieron que era hora de regresar y comenzar de nuevo en la tierra de sus antepasados. Los guerreros Khampa, el clan al que pertenecía el Monje, habían llegado con su Santidad como su ejército oficial en 1959. Tenían un pasado glorioso, pero ahora sólo quedaban los recuerdos.

El Monje, que tenía un brillante futuro en la jerarquía monástica de McLeodganj, se despidió de su maestro y renunció a su condición de monje. En su corazón, sabía que nunca estuvo destinado a ser monje. Esta era su oportunidad. Se unió a su *Pala* (padre) mientras los guerreros Khampa se retiraban para reiniciar sus vidas en su antigua tierra, el Tíbet.

Sorprendentemente, el Gobierno de China los recibió con los brazos abiertos. Se les concedieron tierras y puestos de trabajo en el gobierno. Para el Gobierno de China, eran sus ciudadanos que habían vuelto a casa. Sin embargo, el viaje de vuelta a sus aldeas estuvo lleno de desafíos físicos y mentales que terminó afectando a la caravana. Habían elegido recorrer la antigua ruta comercial del té, que empezaba en la actual Myanmar, continuaba por Calcuta y se adentraba en el Tíbet, para terminar en Pu'er, en la provincia de Yunnan, en la actual China.

La antigua ruta del té era un testimonio del coraje y el espíritu emprendedor del pueblo tibetano y estaba llena de historias y folclore.

Durante los cincuenta y tres días de caminata hasta su aldea de Gyalthang (Zhongdian en tibetano), el
Monje, aún veinteañero, y su *Pala* estrecharon por primera vez los lazos entre padre e hijo. Como el Monje
había ingresado en un monasterio a los cuatro años,
apenas conocía a su padre. Este tedioso viaje fue su
momento de confort con su *Pala*. Hablaron del pasado,
planificaron el futuro, mostraron sus puntos fuertes y
expusieron sus miedos. Compartieron sus historias
y su forma de entender la vida. Fueron días hermosos
en una situación difícil, y padre e hijo disfrutaron de
su mutua compañía. Probablemente, era la forma que
tenía Dios de compensar el hecho de que *Pala* partiría
hacia su morada celestial diecisiete días luego de haber
regresado a su hogar ancestral.

El Monje, que había perdido a su madre al dar a
luz, se encontró de repente huérfano en una tierra que
era suya, pero en la que se sentía como un extraño. El
hecho de haber vuelto a entrar en los reinos de la vida
mundana tenía su propio conjunto de desafíos.

Las palabras de Buda iban a ser su guía ahora: «No
creas nada porque lo haya dicho un sabio. No creas nada
porque sea una opinión generalizada. No creas nada porque esté escrito. No creas nada porque se diga que es
divino. Cree solamente lo que tú mismo juzgues como
verdadero».

Uno de los puntos fuertes que el Monje desarrolló a medida que iba moldeando su vida fue su habilidad para construir relaciones y mantenerlas. Tenía una habilidad natural para resolver los problemas de las relaciones. Escuchar, comprender, negociar y empatizar era algo natural para él. Su habilidad para hacer las preguntas adecuadas, comunicar sus necesidades y su sentido del humor siempre le allanaron el camino.

El Monje se dio cuenta de que las relaciones eran la base de la felicidad en la vida. Como los humanos somos animales sociales, nos movemos en un círculo de relaciones, algunas que heredamos y otras que desarrollamos. La forma en que manejamos las relaciones tiene una relación directa con nuestro coeficiente de felicidad. Las relaciones rotas pueden ser una pesada carga para tu felicidad. Las relaciones difíciles son uno de los principales motivos de infelicidad en nuestra vida.

También observó que las relaciones son complejas, ya que son el resultado de dos mentes y corazones que intentan interactuar entre sí. El lenguaje corporal, la comunicación verbal, la comunicación digital, las limitaciones geográficas, las acciones, las no acciones, los acontecimientos externos, las situaciones físicas y muchos más elementos controlables y no controlables influyen y definen cualquier relación. Sin embargo, tras años de práctica, había comprendido el único truco que tenía el poder de convertir todas las relaciones en una fuente eterna de felicidad en la vida.

Esta era la clave que el Monje había descubierto: la manera más fácil de manejar una relación es ponerse en los zapatos de la otra persona.

El Monje se dio cuenta que con este pequeño esfuerzo imaginativo, las relaciones se vuelven mucho más alegres y satisfactorias. Ya sea la relación con tu cónyuge, tus padres, tus hijos o tus compañeros de oficina, con sólo mirar la situación desde el punto de vista de la otra persona y comprender su perspectiva, uno puede dominar el arte de las relaciones felices.

La mayoría de nosotros estamos demasiado llenos de nosotros mismos y no damos valor a la perspectiva de la otra persona. Pero al hacerlo, a veces desechamos a las personas más preciadas de nuestra vida sólo para abrazar la infelicidad: otra tragedia humana.

En un mundo que se desmoronaba por culpa de las relaciones fallidas, el Monje había encontrado su lugar. Rápidamente empezó a aplicar estos conocimientos y se ganó la reputación de excelente negociador. Su éxito en la resolución de conflictos menores y mayores, en la negociación de soluciones beneficiosas para todos, y su encanto de niño bueno fueron de conocimiento para las autoridades gubernamentales. El gobierno no tardó en aprovechar la oportunidad de proyectarlo como el rostro de un Tíbet progresista. Esto abrió nuevas puertas para el Monje, y fue nombrado en varios foros y comités para representar a Tíbet. Estos acontecimientos llevaron al Monje a unirse a la delegación comercial enviada a Katmandú para promover el potencial turístico de la ciudad de Shangri-La. Allí conoció al Billonario y comenzó una nueva vida como su socio.

o   o   o

EL MONJE ESTABA MIRANDO SU *MANDALA* DE MEDITACIÓN. Pero sus pensamientos estaban centrados en los acontecimientos de las últimas semanas. «Unas semanas fascinantes. Justo cuando sientes que lo has visto todo y lo has aprendido todo, la Divinidad te envía un nuevo programa de estudios. Y novedoso. Las nuevas perspectivas sobre la felicidad que tanto el maestro como el Billonario han compartido en las últimas semanas han añadido significativamente a mi conocimiento sobre la felicidad».

Recordando su compromiso de compartir su lista de «Trucos para la felicidad» con el Billonario, el Monje sacó rápidamente su agenda y empezó a copiar las notas en un papel. El Monje adoraba a los estadounidenses por su diccionario de jerga.

9

Elegir el camino:
la historia del Billonario

Dos caminos se bifurcaban en un bosque
y yo... yo tomé el menos transitado,
y eso ha marcado la diferencia.

—Robert Frost

El padre del Billonario era un industrial por derecho propio. Llamado cariñosamente Seth Babu por todos, era un hombre sin complicaciones. El trabajo duro, el tiempo con la familia y el servicio a Dios eran sus principales objetivos en la vida. Llevaban una vida muy cómoda en una mansión, tenían una flota de coches y un ejército de sirvientes uniformados impecablemente.

Esta era la India de una época socialista con el *raj* de las licencias, pero Seth Babu sabía cómo expandir sus intereses comerciales. Seth Babu era un hombre con buenos contactos y siempre se las arreglaba para mover los hilos adecuados. En el año 1988, cuando el Billonario decidió abandonar la universidad apenas quince días después de ingresar en ella, su padre no se enfadó. Se limitó a preguntarle cuál era su plan, esperando a medias que el Billonario dijera que le gustaría vivir de su herencia. Seth Babu se sorprendió gratamente cuando el Billonario le dijo que quería ir a Bombay y empezar a trabajar en la bolsa. El Billonario también consiguió que su padre le prometiera que Seth Babu no movería los hilos para impulsar la carrera del Billonario. Seth Babu estaba contento. Un «hombre hecho por sí mismo» era el título máximo que cualquier hombre podía tener en su vida. Su hijo había elegido su camino.

La noche antes de la partida a Bombay, Seth Babu llamó al Billonario a su estudio y le dio la única sabiduría que el Billonario había tomado prestado de alguien.

—Uno de los aspectos más difíciles de la vida es aprender a alinear los objetivos profesionales con la felicidad. Sacrificar la felicidad para mejorar la carrera no está bien. Del mismo modo, ser feliz sin una carrera digna es inaceptable —dijo Seth Babu en un tono desapasionado. Mostrar las emociones en el estudio era un «estricto no» para Seth Babu.

—En el momento en que te des cuenta que el trabajo es algo más que una fuente de ingresos, tu perspectiva hacia el trabajo y la vida cambiará. Por muy trillado que suene, la mayoría de nosotros nos dedicamos a una carrera porque nuestros padres quieren que lo hagamos o porque pensamos que podemos llevar una vida monetaria cómoda. Afortunadamente, tú has elegido evitar esta trampa. Para cuando nos damos cuenta de que hemos elegido la vida equivocada, ya estamos bajo la carga del salario mensual o simplemente tenemos demasiado miedo para propiciar un cambio en la vida. Así que mantenemos el *statu quo* y nos deslizamos, planificando siempre una salida pero sin usar nunca el paracaídas. ¡Esto no acaba bien, y nos estrellamos con el avión, por así decirlo!

A Seth Babu le encantaba usar metáforas de aviación. Incluso a su edad y posición social, él mantenía activamente su afición al aeromodelismo. De hecho, en todas las entrevistas de trabajo que presidía, la pregunta más importante era siempre sobre la afición del candidato. Seth Babu consideraba que si un hombre no se dedicaba a una afición, ¡era un defecto de carácter!

—La verdad es que hay personas exitosas y ricas en

todos los ámbitos de la vida. Las personas que tienen la confianza y la capacidad de abrazar la felicidad han encontrado el dinero y la fama en las carreras más diversas a nivel social. Los poetas, los escritores, los pintores, los arquitectos, los actores y los deportistas tienen las mismas oportunidades de ganar dinero y reputación que cualquier otra carrera convencional. Lo importante es ser el mejor en tu campo de trabajo. El mundo no valora la mediocridad en ningún campo, sino que premia la meritocracia en todos ellos —prosiguió Seth Babu.

—Las personas que decidieron trabajar por su corazón y persistir hasta que alcanzaron la cima de la excelencia en su disciplina siempre dejan una huella en la sociedad y en su época. El dinero es un subproducto; la felicidad de la excelencia es su verdadera meta. Recuerda, hijo, ahora que has elegido ser inversionista, sé el mejor. —Estas últimas palabras aún resuenan en los oídos del Billonario cuando está dando el visto bueno final a cualquier operación de inversión.

Una vez en Bombay, el Billonario se ha adaptado al mundo de la calle Dalal como pez en el agua. Empezar como empleado de un corredor de bolsa parsi hasta llegar a ser el «Gran Toro» y «Negociador de la bolsa india» en treinta y dos años fue un hito en sí mismo. A lo largo de todo este período, el Billonario nunca olvidó la tarde en la oficina de Seth Babu. A partir de entonces, Seth Babu Incorporated y el Billonario habían hecho dinero a manos llenas trabajando juntos. El instinto de Seth Babu y la tenacidad del Billonario formaban un formidable dúo de caza en el ámbito empresarial.

o　　o　　o

MAÑANA, A ESTA HORA, ESTARÍA DE VUELTA EN SU MUNDO, pero las lecciones aprendidas en Shangri-La durante los últimos veinte días le darían forma a su felicidad para el resto de su vida. Pensó: «¿No fue Lenin quien dijo que hay décadas en las que no sucede nada y hay semanas en las que transcurren décadas?».

El Billonario también pensó que era esencial que sus hijos, y los hijos de éstos en su momento, heredaran este conocimiento de la felicidad al igual que él heredó la lección de la vida de su padre.

Con este pensamiento, el Billonario comenzó a escribir sus notas, tal y como habían acordado el Monje y él desde el primer día.

10

Despedida

La amistad es siempre una dulce
responsabilidad, nunca una oportunidad.

—Khalil Gibran

El Monje idolatraba a Mithun Chakravorty, Bappi Da
y Bollywood. Su juventud había tomado forma en la
India de los años ochenta, y como todas las historias
de amor de la adolescencia, su amor por Bollywood
siempre permaneció cerca de su corazón. «I am a
Disco Dancer» era la canción que siempre te daba
la bienvenida a su coche; era la primera canción de
todas sus listas de reproducción.

Mientras se dirigían al aeropuerto, el Billonario y
el Monje discutieron los últimos aspectos comerciales

y el futuro del hotel. El Billonario aprobó los estándares de calidad y gestión comercial del hotel e incluso sugirió hacer otra propiedad en Lhasa. El Monje prometió estudiar las oportunidades y las compartiría con el equipo.

Ambos sabían que, una vez en el avión, el Billonario se perdería en su trabajo y que pensar en un pequeño proyecto en el Tíbet sería la última prioridad. Pero ambos continuaron el juego.

Sólo cuando llegaron a la autopista que conducía a la terminal del aeropuerto, el último tramo del viaje, ambos hicieron silencio. De fondo sonaba «Zihal-e-Miskin Mukun ba-Ranjish», de la película *Ghulami*. El Billonario nunca había entendido el significado de las palabras en urdu de la canción. Sin embargo, como aquella noche en el hotel, la melancolía de la voz de Lata Mangeshkar en esta canción siempre lo cautivaba.

El Monje entendía la canción. Una vez prácticamente le rogó a un *maulvi* que le explicara el significado de esas palabras del poeta medieval Ameer Khusrau, adaptadas brillantemente por Gulzar:

«Zihaal-e-Miskeen Mukon Ba-Ranjish,
Bahaal-e-Hijra Bechara Dil Hai».

«No mires con enemistad a mi pobre
corazón, todavía las heridas de la separación
están frescas en él».

Se dieron cuenta de que, incluso para su vida ma-
dura y adulta, las últimas semanas habían sido extraor-
dinarias y que nunca más en su vida podrían revivir
estos días de introspección y autodescubrimiento.

Mientras descargaban el equipaje del maletero del
coche, el Monje sacó una hoja de papel pulcramente
doblada y se la entregó al Billonario. Este sonrió y le
entregó una hoja similar. El Monje no esperaba que el
Billonario se hubiera molestado en escribir las lecciones, pero la humildad del hombre era lo que lo definía.

Una lágrima cayó como agradecimiento.

Era el momento de decir ¡adiós, compañero!

o   o   o

Epílogo

Esto también pasará.

—Antiguo adagio persa

«¿Eres feliz?»: la pregunta que inició la búsqueda.

Tanto el Billonario como el Monje veían la felicidad como un objeto aislado. Uno tenía dinero, el otro tenía conocimientos, pero, por desgracia, la felicidad se les escapaba a ambos. Sin embargo, una vez que comenzaron a aprender el uno del otro y de su entorno, descubrieron que el secreto de la felicidad residía en comprender y caer en cuenta que la felicidad no se logra, se alcanza.

Ambos descubrieron que la felicidad no es un objetivo cuantificable que pueda lograrse, sino que es un estado de vida cualitativo que se debe alcanzar.

Aprendieron que aunque un diccionario puede definir la palabra felicidad, no existe una única definición de felicidad. Cada época, sociedad, religión, filósofo, maestro espiritual o individuo tiene una comprensión diferente de lo que es la felicidad.

Entonces, *¿qué es la felicidad?*

En la historia, el Billonario y el Monje aprenden que la felicidad es la armonía entre la mente y el corazón. Es un equilibrio entre la ambición y la risa. La felicidad no consiste en sacrificar o adquirir. Reconocen que la felicidad es la búsqueda del dinero por la vía del minimalismo; sin embargo, la felicidad no es un destino al mismo tiempo. Reconocen que la felicidad es la valentía de decir NO, pero manteniendo viva la curiosidad y la creatividad al decir SÍ y explorar. Develan la sabiduría de que la felicidad se encuentra al respetar tanto el «lo siento» como «gracias» y caen en cuenta que la felicidad depende de todos y a la vez no depende de nadie.

Finalmente, ellos descubren que la felicidad no es un concepto tan complicado como se proyecta y que la felicidad no es otra cosa que la suma de los elementos ordinarios de la vida cotidiana, realizados correctamente y con gratitud.

Ahora, cuando se les pregunta «¿Eres feliz?», ambos comprenden realmente la pregunta y conocen la respuesta.

Puntos de conocimiento

La felicidad es cuando lo que piensas, lo
que dices y lo que haces están en armonía.

—Mahatma Gandhi

LAS NOTAS QUE COMPARTIÓ EL BILLONARIO:

1. El minimalismo te ayuda a despejar el espacio mental y físico.
2. Una mente despejada conduce a la concentración, la consistencia y la disciplina en la vida.
3. Cualquier cosa que te ayude a conectar con tu interior es meditación.
4. Vivir en armonía con la naturaleza es, en sí mismo, una fuente de felicidad.

5. Alimentar los rencores es tierra fértil para que crezcan las malas hierbas de la infelicidad.

6. Ser sabio pero ignorante es esencial para la felicidad.

7. Nadie puede compartir tu enfermedad o tu dolor corporal.

8. La ambición, la pasión y el trabajo duro multiplican la felicidad en la vida.

9. El sentido del humor es un valioso imán para la felicidad.

LOS APRENDIZAJES DEL MONJE SOBRE LA FELICIDAD:

1. Los objetivos bien definidos son imprescindibles para la felicidad.

2. Mantener una lista de cosas por hacer aumenta la productividad y genera confianza.

3. La tecnología es una herramienta y no se debe permitir que se convierta en el amo.

4. Estar agradecido por lo que se tiene es más importante que culpar a otros por lo que no se tiene.

5. Culpar multiplica la negatividad de la derrota.

6. Aprender a decir NO es esencial para ser feliz.

7. Dinero = Ingresos + Ahorros + Inversiones + Consumo.

8. Las relaciones que se basan en el respeto atraen la felicidad.

9. Pedir es la clave para recibir.

o   o   o

Carta del autor

Estimado lector,

Gracias por dedicar tu valioso tiempo a la lectura de esta sencilla historia. Espero que la historia te haya acercado al objetivo que buscabas cuando decidiste comenzar a leer este libro. La búsqueda de la felicidad por parte de la humanidad es eterna, y espero haber añadido valor a tu vida al compartir mi perspectiva sobre la felicidad.

Este libro se ha estado gestando durante años. He tenido la suerte de observar la vida a través de muchos papeles, situaciones y perspectivas diferentes. Como dicen, «lo bueno, lo malo y lo feo» son lecciones que me ha enseñado la experiencia.

En algún momento de este viaje, me di

cuenta de que la belleza de la vida reside en las contradicciones que ofrece. A menudo, las decisiones correctas tienen consecuencias equivocadas y viceversa. Las derrotas más significativas se convierten en las mayores victorias en el último momento, y aunque es el sol el que genera el arco iris, ¡el mérito es de la lluvia! Por lo tanto, es esencial estar siempre agradecido por todo lo que la vida nos da y mantener el sentido del humor incluso en los momentos más agotadores, porque la vida tiene una mente propia que escapa a nuestro control. Por muy elevado que parezca un reto, la perseverancia humana siempre lo superará.

El Billonario y el Monje viven dentro de nosotros: la mente y el corazón. Cada día nos enfrentamos con el dilema de equilibrar la voz de la mente con la llamada del corazón. La mente ve y el corazón siente, y es la armonía entre ambos la que nos da la felicidad. La felicidad reside en el equilibrio.

Espero que las lecciones compartidas en esta historia te ayuden a alcanzar esta armonía y felicidad. Es crucial recordar que, independientemente de lo que haya sido el pasado o de la situación actual, siempre puedes empezar de nuevo: el futuro depende del hoy. Todo mañana empieza hoy.

Por último, si este libro te ha ayudado en tu búsqueda de la felicidad, comparte sus conocimientos con los demás. Tenemos que ayudar a los demás a ver la belleza de la vida más allá de la monotonía de nuestras luchas diarias y ayudarles a aprender que el primer paso para un mundo feliz es un yo feliz.

Me encantaría conocer tu opinión sobre el libro.

Puedes enviarme un correo electrónico a vibhor.kumarsingh@gmail.com y compartir tu opinión sobre la historia. También puedes visitar nuestro portal web www.vibhorkumarsingh .com para obtener más detalles.

¡Gracias!
Con mis mejores deseos,
Vibhor Kumar Singh